AF327761

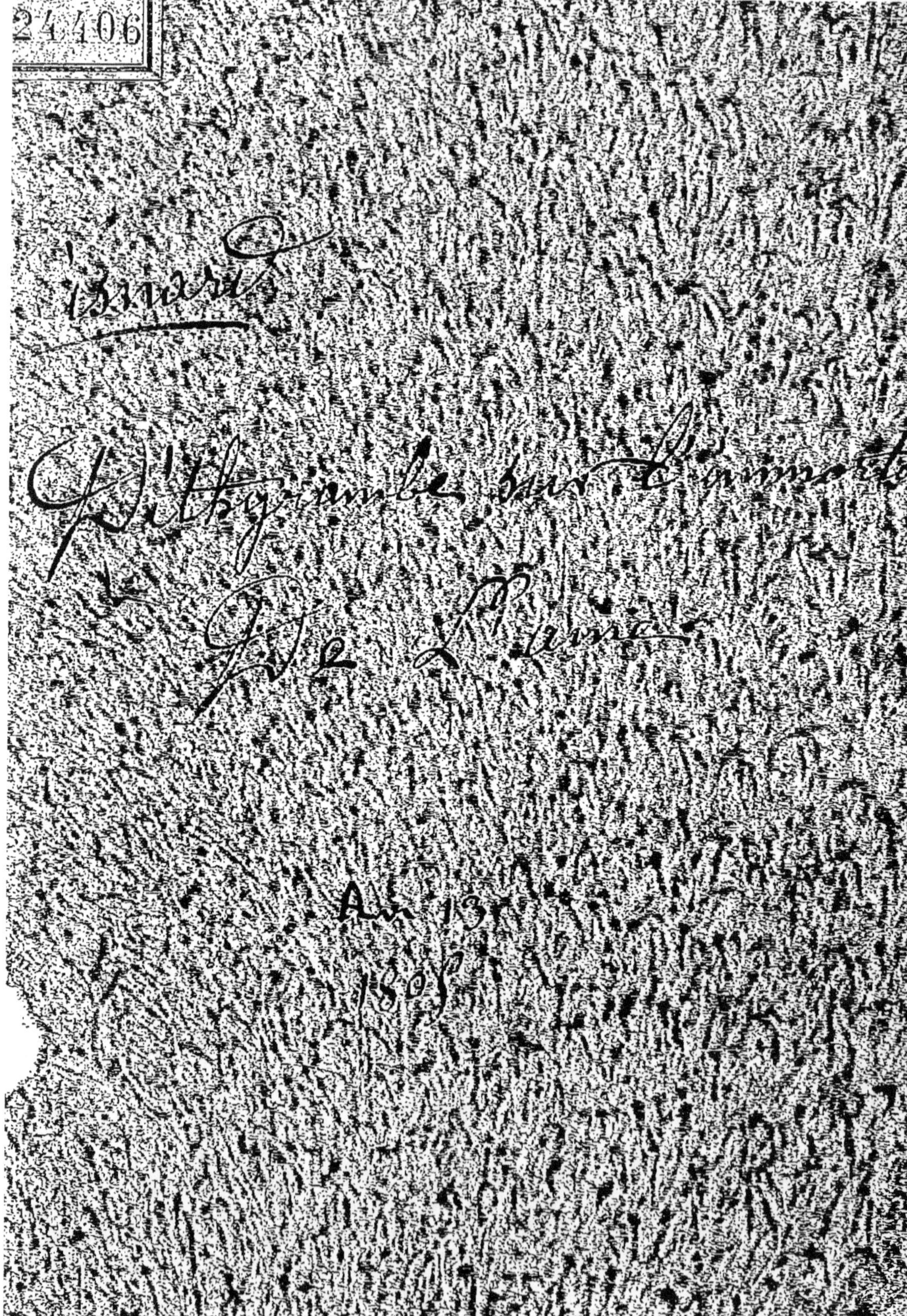

# DITHYRAMBE

SUR

## L'IMMORTALITÉ DE L'AME.

# DITHYRAMBE

## SUR

## L'IMMORTALITÉ DE L'AME,

DONT IL A ÉTÉ FAIT HOMMAGE

## A SA SAINTETÉ

## PIE VII.

PAR MAXIMIN ISNARD,

Ex - Législateur, Membre du Collége Electoral du Département du Var.

Suivi d'une nouvelle édition revue, corrigée et augmentée d'un Discours de l'Auteur, sur le même sujet.

---

La mort n'est qu'un passage à l'immortalité.

BOSSUET.

## A PARIS,

Chez **MARADAN**, Libraire, rue des grands Augustins, vis-à-vis celle du Pont de Lodi, n° 29.

AN XIII — 1805.

# DISCOURS

*Adressé par l'Auteur à Sa Sainteté* Pie *VII*, *en lui faisant hommage du* Dithyrambe sur l'Immortalité de l'ame.

## TRÈS-SAINT PÈRE,

Ce n'est point une admiration stérile que fait naître parmi les Français l'auguste présence de Votre Sainteté : depuis qu'elle réside dans cet empire, la trace des maux qu'éprouva la Religion s'efface de jour en jour ; la paix et l'amitié se sont raffermies parmi tous les gardiens du troupeau ; de toutes parts les rapports de l'homme avec Dieu se rétablissent ; la philosophie s'épure et ne craint plus de s'allier avec la piété son ancienne compagne ; l'incrédulité reste muette, interdite, on s'arrache le bandeau ; l'athéisme lui-même s'étonne.... ne rougit plus de prononcer le nom de Dieu, soupçonne l'existence de ce grand Être, et rend hommage aux vertus de son Saint Pontife ; les indigens et les malheureux, ces brebis de choix, précieux trésor de l'Église, considèrent avec espérance, dans les mains de leur protecteur, ces clefs mystérieuses héritées du grand Apôtre, qui doivent leur ouvrir les portes du Ciel : enfin, auprès de Votre Sainteté, les passions s'appaisent, l'ambition même replie ses ailes, et la voix de l'humanité retentit plus plaintive dans le cœur de notre puissant Monarque.

Il reste gravé dans le souvenir ce moment encore si près de nous, et déjà si célèbre dans les Annales du monde, où l'Empereur des Français, s'étant dépouillé du glaive triomphateur qu'il avait reçu des mains de la Victoire, Votre Sainteté posa ce fer, arbitre des combats, sur l'Autel du Dieu vivant, et par l'encens de la prière attira l'influence divine : à peine eûtes-vous réarmé de ce glaive terrible, et au nom du Roi des Rois, le bras du grand Napoléon, qu'il éprouva plus que jamais le besoin de pacifier le monde.

Bientôt, infidèle aux appas de la gloire des armes, il s'est élevé au-dessus des combinaisons ordinaires de la politique, et même du calcul évident des probabilités, qui, dans la continuation de la guerre avec l'Angleterre, ne lui présentait d'autre chance fatale que la perte de quelques préparatifs qu'une année renouvelle; lui promettait, par quelques jours de succès, l'abaissement perpétuel d'une nation rivale, le vaste empire des mers, celui de l'Inde, l'immensité de leurs trésors.... et qui, dans la supposition que l'Angleterre fût secourue par une coalition puissante, ne lui présentait aucun risque réel, et lui laissait l'espoir de réunir un jour dans sa main, par une suite de victoires presque certaines, le sceptre continental au trident maritime : tentation la plus séductrice qui ait été jamais offerte à l'ambition d'un mortel !

L'on a vu le grand Napoléon, reculant devant sa fortune par sentiment d'humanité, tendre la main à son ennemi.

C'est ainsi, Très-Saint Père, qu'en présence de Votre Sainteté, toute la famille des chrétiens éprouve l'influence des puissantes prières et des saintes bénédictions de son Pasteur suprême.

L'exemple, Très-Saint Père, des vertus de Votre Sainteté, est une prédication permanente qui attire les ames et fructifie dans les cœurs; elle a ranimé dans le mien le sentiment religieux : accoutumé à réfléchir sur les destinées spirituelles de l'homme, mes méditations sur ce sujet sont devenues plus profondes; j'ai éprouvé fortement le besoin de répandre ma pensée; de rendre gloire à Dieu devant son Saint Pontife; et cette main, qui n'avait jamais osé toucher la lyre, n'a pas craint de la saisir pour chanter l'Immortalité de l'ame.

Daignez permettre, Très-Saint Père, que je fasse hommage à Votre Sainteté, de ce faible essai poétique, fruit d'un enthousiasme qu'elle a fait naître; et puissent mes efforts me mériter ses saintes bénédictions !

# DITHYRAMBE

## SUR

## L'IMMORTALITÉ DE L'AME.

Écartez ces écrits, je veux toucher la lyre :
　Si l'Hélicon me refuse des chants,
　Le feu sacré qui m'anime et m'inspire,
En brûlant dans mon cœur, guidera mes accens.
　　Cette ravissante harmonie,
　　Que l'on croit descendre des cieux,
　　N'est que l'audace du génie,
Imitant les accords du langage des dieux.

Où suis-je? et quel éclat vient éblouir ma vue?
Je vois du mont sacré la brillante avenue;
C'est ici d'Apollon l'asile respecté;
J'entends jaillir les eaux des sources d'Hippocrène;
Le voilà bondissant ce coursier emporté,
Qui n'obéit qu'au frein du vainqueur qui l'enchaîne,
Et dont l'aile de feu, quand nous l'avons dompté,
Nous porte triomphans au temple de la gloire;

Il s'ouvre !...j'apperçois les filles de mémoire;
Sur son trône est assis le puissant Dieu des vers;
J'entends, de toutes parts, retentir des concerts;
C'est la voix des élus de sa cour immortelle :
Modulons mes accens et chantons avec elle.
Touchons à ce laurier, je l'ai trop redouté.... (1)
Quels seront mes accords ? chanterai-je les charmes
De ces sacrés vallons, de ce mont enchanté ?
      J'entends le bruit des armes,
Le tumulte d'un camp, des cris et des alarmes :
Chantons de nos guerriers le courage indompté......
      Non : dans le transport qui m'enflamme,
      De l'immortalité de l'ame
Offrons le saint cantique à la Divinité !


SERAIT-IL vrai, que quand la Mort m'appelle,
Et de mon corps disperse les débris,
L'ame, à son tour, désarme la cruelle,
      Et vole aux célestes lambris ?


CROIRAI-JE, Dieu puissant, que de ton rang suprême
Tu veuilles partager l'éclat, la dignité,
    Et sur mon front couvert d'iniquité,
      Poser l'éternel diadême
      De ta propre immortalité ?
      Oui, cet oracle est attesté :

---

(1) L'auteur n'avait jamais rien osé écrire en vers.

Ce n'est point l'orgueil , la démence ,
Ou des mortels la trompeuse science ,
Qui , par la voix de l'homme , à l'homme l'out dicté :
C'est l'imposante voix de cette conscience
Qui parle dans les cœurs et dit la vérité......


DIEU trompa-t-il jamais sa faible créature
    Avec de faux pressentimens ?
    Il a voulu que la nature,
Par un instinct secret, guidât tous ses enfans :
Vois l'errante hirondelle , aux vents abandonnée,
Aborder sans pilote, aux rivages charmans
    Où tour à tour , sur le char de l'année
    Avec Zéphir , retourne le printemps.
Déjà de son amant épouse fortunée,
Pour les fruits de l'hymen les berceaux sont bâtis ;
    Son attente est-elle trompée ,
Quand du soin maternel tendrement occupée,
Elle croit sous son aile échauffer des petits ?


DE l'immortalité qui sera leur partage,
L'instinct est si profond dans le cœur des mortels,
Qu'en voulant renoncer à ce bel apanage,
    Ils lui rendent encore hommage
    En lui dressant de faux autels......
Où courent ces héros ? au temple de mémoire ,
Se disputer entre eux les rameaux d'une gloire
Qui dans leur fol espoir doit les rendre immortels !.....
    L'un du Parnasse escalade la cime ;
L'autre court aux enfers par la route du crime ;

Ceux-là, pour couronner leur front audacieux,
Vont cueillir des lauriers dans les champs périlleux ;
Et lorsque leur valeur succombe,
Méprisant comme vain l'héritage des cieux ,
L'immortalité de la tombe
Est le seul objet de leurs vœux.


DISPARAIS, faux éclat d'une ombre mensongère :
Mortel, connais ton sort.... Monarque détrôné,
Tu commandais jadis à la nature entière :
Ta race fut coupable, et Dieu, dans sa colère,
Par des liens de chair te retient enchaîné ;
Mais le terme de ta misère
Par sa clémence fut borné.
Tu peux, au prix du bien, racheter ton empire ;
Ne fais dans ton exil que ce que Dieu t'inspire ,
Et demain dans les cieux tu seras couronné....


NE te trouble donc plus quand tes mains défaillantes
Vont ouvrir du cercueil les portes effrayantes !
Dans le creux des tombeaux, ton ame, en s'éveillant,
Connaîtra que la mort, sous ces voûtes profondes,
Ne creuse pas pour nous l'abyme du néant ;
Elle est le pont qui joint les rives des deux mondes !


J'ENTENDS la voix de l'incrédulité :
Prêtons l'oreille aux cris de l'insensée,
Et, dévoilant l'erreur de sa pensée ,
Faisons à ses regards briller la vérité.
L'impie a dit dans sa témérité :

« L'homme est un ver qu'enfante la matière ;
  « Il naît, rampe et tombe en poussière :
« Il ne laisse après lui que des traces d'orgueil.
   « Eh ! peut-on revoir la lumière
   « Dans l'affreux séjour du cercueil ?


« QUE cet être si vain contemple sa misère :
« Par des pleurs impuissans il ouvre sa carrière ;
« Partageant les besoins des plus vils animaux,
« Il ne triomphe d'eux que par son artifice ;
« Il a moins de plaisirs, il souffre plus de maux,
« Ceux même que sa chaîne a rendus ses vassaux,
« Voudraient-ils de son corps habiter l'édifice ?


   « PLAIGNONS le misérable sort
   « De cette illustre et débile victime ;
« Elle a le droit affreux de méditer le crime ;
« Elle courbe son front sous le joug du plus fort ;
« D'une foule de maux, dès l'enfance entourée,
« Pour leur guérison même avec art déchirée,
« Sujette aux passions, à leur bouillant transport,
« Par un penchant secret vers le vice entraînée,
« Elle finit, hélas ! par être condamnée
« Aux supplices divers de l'inflexible mort.


« Toi, colossse d'orgueil, mesure ta bassesse
      « Et l'excès de ta petitesse,
« Sur l'éclat, la grandeur des astres radieux,
« Qui, sans se consumer, brûlant dans l'atmosphère,

« Parcourent, sans repos, l'immensité des cieux,
« Versant sur l'univers le don de leur lumière,
« La prodigalité des trésors de leurs feux.
  « Qu'avec respect ta race prosternée
« Leur demande en tremblant les moissons de l'année,
« Et, malgré ta fierté, baisse l'œil devant eux. »


O VÉRITÉ céleste ! enflamme mon génie,
Prête des chants divins pour confondre l'impie.


OUI : l'homme n'est qu'un ver dans la création ;
Mais d'un ver qui périt se forme un papillon !
Telle est du Dieu vivant la puissance infinie,
Le ver le plus abject ressuscite à la vie ;
Les airs sont son olympe, et rival des zéphirs,
      Il voit tout l'empire de Flore
      Tributaire de ses plaisirs ;
      Chaque bouton qui vient d'éclore,
  Par des parfums, répond à ses soupirs :
  Pour prolonger le bonheur de sa vie,
  La tendre fleur le nourrit d'ambroisie ;
  Pour exciter toujours plus ses desirs,
  Dans la rosée elle s'est rafraîchie,
  Et des couleurs dont elle est enrichie,
      Composant ses atours,
 Aux yeux de son amant son beau sein se découvre,
 Et sous son aiguillon, docile, elle s'entr'ouvre
      Au gré de ses amours.


L'ÉTONNANTE métamorphose,

Et dans les airs l'apothéose
Du vermisseau, qu'à nos yeux, sous nos pas,
Dieu ressuscite et glorifie;
Est une voix d'en haut qui sans cesse publie :
Que l'homme vertueux, triomphant du trépas,
Doit remonter un jour le fleuve de la vie....
Mais il n'est point d'écho dans le cœur de l'impie,
Il a des yeux et ne voit pas!


Aussi puissant que le roi de l'abyme,
Si j'ai le droit affreux de méditer le crime,
D'outrager la Divinité;
C'est que l'espèce humaine est en tout si sublime,
Que du bien et du mal elle eut la liberté :
L'Eternel, dans son équité,
Aurait déjà détruit cette race coupable,
S'il n'était pas irrévocable
Le don de l'immortalité!


Pourquoi peindre les maux qui me livrent la guerre?
Tu n'as pas assez dit : jeté nu sur la terre,
Il faut que dans ses flancs trempés de mes sueurs,
J'aille arracher un pain qu'on refuse à mes pleurs;
Tandis que revêtus de duvet, de fourrure,
Les animaux divers en tout temps invités
Au banquet permanent qu'étale la nature,
Par instinct, sous leurs pas, trouvent leur nourriture,
Et goûtent sans remords mille félicités.


Cette fatale destinée

Que subit constamment ta race infortunée,
Te prouve qu'à dessein l'homme fut condamné;
Qu'il expie ici-bas un crime d'origine,
Et qu'en satisfaisant la justice divine,
Ce crime, après la mort, lui sera pardonné.


Tu veux mesurer ma bassesse
Sur l'énorme grandeur, l'éclatante richesse,
Des globes rayonnans, que le pouvoir des dieux,
Sans point d'appui, suspendit dans les cieux;
Qui, forçant mon orgueil à baisser ma paupière,
Raniment la nature et les êtres divers;
Lustres étincelans, dont la présence éclaire
Le temple si pompeux de ce vaste univers!


Insensé! qu'éblouit un rayon de lumière,
Que l'aigle, en sa fierté, défie impunément!
Ces géans embrasés parcourant l'atmosphère,
Qui portent sur leur front le poids du firmament,
Cet empire des airs où gronde le tonnerre,
Cette voûte du ciel, ce globe de la terre,
Dénués de raison, privés de sentiment,
Valent moins à mes yeux qu'un atome pensant.
Le sage voit en eux l'ordre d'architecture,
Qui décore et soutient le palais d'un grand roi,
Dont le sceptre s'étend sur toute la nature,
Et ce grand Monarque, c'est toi!.....


Vois ce dais étoilé suspendu sur ta tête,
Voilà de ta grandeur le fidèle interprète :

Qu'importent les rigueurs de la punition
Que subit cette chair au trépas dévouée?
C'est sur les facultés dont ton ame est douée
Qu'il faut régler ton rang dans la création.


Par les dons exclusifs qu'il t'accorde en partage,
Dieu proclame ta dignité :
De la parole il te donne l'usage,
Des actions la liberté.


Sans asservir nos cœurs, il permet à notre ame
De brûler envers lui du feu pur de l'amour,
Et, daignant répondre à ma flamme,
J'éprouve qu'il se plaît à m'aimer à son tour!


Pour dompter le penchant qui vers le mal t'entraîne,
Il t'a doué de la raison;
Soumets tes volontés à cette auguste reine,
Et les passions, à la chaîne,
Subiront en grondant ta domination.


Sens-tu brûler en toi les flammes du génie?
Tu peux, du grand Racine imitant l'harmonie,
Dresser des monumens qui seront éternels.
Croirai-je que la mort opère le prodige
De détruire la tige
Qui porte des fruits immortels!


Vive étincelle
Du regard des dieux,

Ta pensée a de son aile
Franchi les temps, les lieux......
Elancée au-dessus des cieux,
Elle voit les soleils se traîner devant elle ;
Et du grand Architecte empruntant le compas,
Mesure leur distance et calcule leurs pas.


SERAIT-CE pour ramper sur des plages mortelles,
Que tu reçus de Dieu d'aussi puissantes ailes ?
C'est pour planer dans l'immortalité......
Si nos ames, dis-moi, n'étaient pas éternelles,
Du Créateur où serait l'équité ?
Je ne vois ici-bas qu'un séjour d'injustices,
Où l'on achète, au prix des trésors et des vices,
L'espoir trompeur de la félicité.


QUE l'homme vertueux n'attende rien de l'homme :
Socrate chez les Grecs, et Cicéron dans Rome,
Immolent tout au bonheur de l'état :
Tous deux, par les efforts de leur sage éloquence,
Défendent leur patrie, illustrent le sénat ; ( 1 )

---

(1) Socrate ne fut pas seulement un grand philosophe,
le héros de la raison, et le martyr de la vertu ; citoyen cou-
rageux, et sénateur intègre, il osa résister en plusieurs oc-
casions aux ordres cruels des trente tyrans ; et il eut l'énergie
de s'opposer seul dans le sénat, au jugement injuste qui
fut prononcé contre les dix capitaines qui n'avaient pas re-
cueilli les corps de ceux qui avaient été tués ou noyés au
combat naval des Isles Argineuses.

De ces dignes mortels quelle est la récompense ?
　　Là le poison , ici l'assassinat !


Dieux ! quel spectacle épouvante ma vue ?
Je vois fuir à grands cris une foule éperdue ;
· D'un corps défiguré les membres palpitans
Font reculer d'effroi des chevaux hennissans :
C'est une fille, ô ciel ! dont l'ordre sanguinaire
Fait fouler sous son char le cadavre d'un père ! (1)
D'un monstre aussi cruel quel sera le destin ?
L'Ausonie eut pour reine un pareil assassin !


　　Grand Dieu ! n'as-tu créé la terre
Que pour livrer à l'homme une éternelle guerre ?
　　Non, non : l'ouvrage de tes mains
N'est point un monument de suprême folie :
Tu veux, dans leur exil, éprouver les humains,
Et que leurs actions, dans le cours de la vie,
Décident à jamais de leurs futurs destins ;
Mais lorsque du trépas l'homme a franchi l'abyme,
Et revit au séjour de l'immortalité,
C'est là que ta balance, au poids de l'équité,
Doit venger la vertu des triomphes du crime !


Des méchans ici-bas qu'importe l'heureux sort ?
　　Quel que soit leur rang sur la terre,
　　Ils sont esclaves de la mort ,

---

(1) Tullie.

Et d'un bras invisible ils craignent le tonnerre.
Néron règne : ô fureur de ce monstre inhumain !
Pour voir de Rome en feu s'écrouler les murailles,
Il l'embrase.... O grand Dieu ! ce féroce assassin
Fait égorger sa mère et fouiller ses entrailles !
Le tyran foule aux pieds le servile univers,
Soudain Rome est sauvée, et Néron aux enfers ! (1)


    Tel un chêne assis sur le trône
    Des montagnes de l'Appennin,
Voyant, de siècle en siècle, embellir sa couronne,
Croit jouir pour toujours de son heureux destin :
Des antiques forêts ce puissant souverain
    Ose braver le fer et défier la foudre,
    Elle est lancée : ...... il est réduit en poudre,
    Et dans les airs l'aigle le cherche en vain.....


Tout n'est donc ici-bas que prestige et mensonge !
Et les biens et les maux que prodigua le sort
    Sont les illusions d'un songe
    Qui se détruit au réveil de la mort.
Hélas ! ce qu'à grand prix recherche le grand homme,

---

(1) C'est là que dévoré du remords qui l'obsède,
    Il expie à jamais ses jours d'iniquité :
      O profondeur d'un terme illimité !
      Quel que soit le temps qui précède,
        L'avenir qui succède
      Sera toujours l'éternité !!! .....

L'opinion de la postérité
    N'est que le triste et vain fantôme
    De la vraie immortalité !


Hé quoi ! nous jouirons de ce bienfait immense,
D'exister à jamais, et toujours plus heureux !
Seigneur, quel est mon titre à cette récompense,
    Qu'exiges-tu de ma reconnaissance ?
Le tribut de mon cœur est tout ce que tu veux !
O tendresse divine ! ô précepte adorable !
    O loi d'amour, que ton joug est aimable !
Des faux dieux de la terre osons briser l'autel :
    J'entends aux cieux une voix qui m'appelle,
Pour couronner mon front de la palme éternelle :
    O Dieu ! mon être est immortel !
Et qu'importent dès-lors, ou la mort, ou la vie,
Les pompes de la terre, ou les dons du génie ?
Cet univers n'est rien, il s'éclipse à mes yeux ;
La vertu seule est tout, elle conduit aux cieux !......


    Leur portique s'ouvre !
        Et me découvre
De ce séjour l'éclatante beauté !
    Le cercle de l'étternité
Tourne à mes yeux   me saisit et m'entraîne......
    Mon ame échappe au tyran qui l'enchaîne,
Elle a repris ses droits..... présente dans le ciel,
Elle ose parcourir le palais éternel :
    Quel protecteur me couvre de son aile ?
Sous le brillant éclat de sa gloire immortelle,



2

Mon cœur croit reconnaître et ses traits et sa voix :
Tendre objet que j'adore ! est-ce vous que je vois ?
« Cher fils! pour prix des pleurs répandus sur ma tombe,
« Vois ta mère, et jouis de l'immortalité! »
Le sentiment m'accable, et mon ame y succombe;
Dieu! sauve-moi de ma félicité!


FIN DU DITHYRAMBE.

# DISCOURS

SUR

## L'IMMORTALITÉ DE L'AME.

# AVERTISSEMENT.

L'ACCUEIL favorable que reçut du Public le
Discours que l'auteur publia sur l'Immortalité
de l'Ame, à l'époque du rétablissement du culte
en France, nous engage à en donner une nouvelle édition considérablement augmentée.

Ce Discours était suivi, dans la première édition, de diverses notes et surnotes, que l'auteur
a cru devoir supprimer, parce qu'en les considérant comme importantes, il les croit cependant
trop *métaphysiques*, pour pouvoir être généra-
lement goûtées par tous les lecteurs ; ceux d'entre eux qui, jaloux de méditer sur un pareil
sujet, desireraient se les procurer, les trouveront
chez l'éditeur.

L'ouvrage était précédé d'*Observations pré-
liminaires* que l'on a cru devoir conserver dans
l'édition actuelle, ainsi que la note qui les ter-
mine.

On trouvera dans le Discours quelques pensées

et quelques images que l'auteur a reproduites dans son Dithyrambe, parce qu'elles étaient poétiques, et qu'il lui était permis d'en disposer. Il a cru devoir les laisser subsister dans le Discours, parce qu'elles donnent de la force à ses argumens, et que d'ailleurs le lecteur verra peutêtre avec plaisir de quelle manière elles ont été employées en vers et en prose.

# OBSERVATIONS

## PRÉLIMINAIRES.

APRÈS de longs malheurs, les institutions religieuses renaissent en France. Ce grand levier, le plus puissant de tous pour ébranler ou raffermir un empire, et qui, quoique brisé par la révolution, conservait peut-être encore assez de force pour la détruire, vient d'être remis, par une politique habile, dans les mains du gouvernement, qui peut en surveiller l'action, en appercevoir les effets, en diriger même les mouvemens pour le plus grand bien de l'état.

En rétablissant ses rapports avec Dieu, la France cimente ses traités avec les diverses puissances, et se remet en harmonie avec tous les autres peuples qui ne peuvent plus lui refuser l'admiration que commande sa gloire.

Mais si l'édifice religieux se relève tout-à-coup par l'effet d'une grande conception politique, ne

reste-t-il plus rien à faire pour raffermir ses fon-
demens ?

On ne doit pas juger des effets futurs d'une
institution qu'on renouvelle par un premier instant d'enthousiasme; celui-ci se dissipe, le cal-
me succède, et c'est alors qu'il faut que cette institution, pour pouvoir fructifier, trouve en elle-
même assez de force pour se défendre contre
l'action du temps et les attaques diverses : ainsi,
dans le premier instant où l'on replante un arbre
avec ses rameaux, on admire la verdure encore
fraîche de son feuillage ; mais bientôt ce feuillage tombe, il faut que l'arbre transplanté jette
de nouvelles racines, et ce n'est qu'avec du temps
et des soins qu'il peut de nouveau se couvrir de
fruits.

Il ne suffit pas que les institutions religieuses soient organisées avec sagesse, il est
encore important qu'elles opèrent le plus de bien
possible, qu'elles assurent la paix et le bonheur
des familles en rectifiant la corruption des
mœurs, en épurant de plus en plus la morale
publique.

C'est en vain que l'on croirait obtenir ces résultats, si l'opération décisive qui a été faite pouvait n'être considérée par l'opinion générale, que comme une simple mesure politique nécessaire au maintien du gouvernement et de l'ordre public; si, après que les lois ont rétabli la religion, la saine et vraie philosophie, trop long-temps réduite au silence par les préjugés modernes, ne secondait les efforts du gouvernement en ranimant dans les cœurs *le principe religieux*; si enfin les amis de la vérité ne s'efforçaient avec courage d'opposer une barrière aux progrès du *matérialisme*, ce destructeur de toute religion, parce qu'il sape et renverse la principale base sur laquelle elles reposent toutes : qui est le dogme de *l'immortalité de l'ame.*

Le matérialisme est plus désastreux encore que l'athéisme. Ce dernier est la plus monstrueuse des erreurs, sans en être la plus dangereuse, parce qu'elle ne peut jamais se propager parmi la généralité des hommes. L'existence d'un créateur est trop évidente par l'ordonnance

et l'immensité de ses œuvres, pour que les hommes en masse osent la nier. L'athéisme ne fut
et ne sera jamais que la punition de l'orgueil
scientifique, et par conséquent le partage d'un
petit nombre d'êtres ; mais le matérialisme est
une erreur d'autant plus funeste qu'elle est plus
difficile à combattre ; elle est spécieuse, subtile
et contagieuse au point de pouvoir vicier peu à
peu l'opinion de presque tout un peuple, et
paralyser par là toute institution religieuse ; car
la persuasion de l'existence de Dieu ne suffit
pas pour qu'une religion ait quelque prise sur
l'esprit des hommes, il faut encore que ceux-ci
reconnaissent *que leur ame est immortelle,*
sans quoi, que leur importe le vice ou la vertu?
leur intérêt n'a plus qu'à choisir celui des deux
qui leur paraît le plus profitable dans le court
espace de la vie, et, entraînés par les passions,
ils choisissent presque toujours le vice.

Le matérialisme est non seulement le plus
grand des fléaux pour les individus, mais encore pour les états. La durée et la prospérité
d'un empire dépendent essentiellement de la

morale publique ; quand celle-ci parvient au dernier degré de corruption, l'état peut paraître florissant, mais il est près de sa ruine : or, point de morale publique sans religion, et point de religion compatible avec le matérialisme.

Frappé de ces vérités, et aussi fortement convaincu de l'immortalité de l'ame, que pénétré de l'utilité de ce dogme, je crois remplir le devoir d'un homme de bien en exposant sur cette importante matière, une partie des raisons sur lesquelles ma conviction se fonde. (1)

______________________________

(1) S'il était des hommes qui, ayant des préventions sur mon compte, s'étonnassent de ce que je professe en ce jour l'immortalité de l'ame, et qui pussent croire que les derniers événemens relatifs au culte influent sur mon langage, je les prie d'être persuadés que ma plume est toujours l'interprète de mon cœur.

Certes, ce n'est pas d'aujourd'hui que je professe une pareille doctrine : que l'on se rappelle ce que je disais à cet égard en l'an 3, dans l'écrit que je publiai sur ma proscription. J'aime à rappeler ici ce passage, parce qu'il attendrit encore mon cœur, qu'il doit plaire aux ames sensibles, et que la moralité n'en peut être qu'utile. Je disais :

« Le décret qui me mit *hors la loi* sembla me mettre

« également *hors des peines de la vie*, et m'introduire
« dans une existence nouvelle et plus réelle. Si je n'eusse
« jamais été proscrit, emporté, comme tant d'autres, par
« une sorte de tourbillon, j'aurais continué d'exister sans
« me connaître ; je serais mort sans savoir que j'avais vécu.
« Mon malheur m'a fait faire une pause dans le voyage de
« la vie, durant laquelle je me suis regardé, reconnu ; j'ai
« vu d'où je venais, où j'allais, le chemin que j'avais fait ;
« et celui qu'il me restait à parcourir, les faux sentiers que
« j'avais suivis, et ceux qu'il me convenait de prendre pour
« arriver au vrai but.

« Il m'est impossible de peindre quelles jouissances m'ont
« procuré ce silence, ce recueillement absolu, cette posses-
« sion continuelle de ma pensée, cette étude suivie de mon
« être, ces fruits de sagesse et d'instruction que je sentais
« éclore en moi, cet abandon de la terre, ce lointain d'où
« j'appercevais et jugeais les criminelles folies des hommes,
« cette adoration sincère et croissante de la vertu, cette élé-
« vation intellectuelle vers les objets grands et sublimes, et
« sur-tout vers l'auteur de la nature, ce culte libre et pur
« que je lui adressais sans cesse.

« Je me promenais dans un jardin la plus grande partie
« de la nuit. Le spectacle de la voûte étoilée, le seul qui
« s'offrît à ma vue, fixait continuellement mes réflexions ;
« Ah ! qu'elles étaient salutaires et ravissantes !.... qu'il est
« sublime ce livre sans cesse ouvert sur nos têtes, tracé de
« la propre main de l'Être suprême, et dont chaque lettre
« est un astre ! qu'il est heureux celui qui sait y lire ce

« que j'y voyais écrit en traits de feu, et hiéroglyphes so-
« laires :

« EXISTENCE DE DIEU. IMMORTALITÉ DE L'AME. NÉCES-
« SITÉ DE LA VERTU. »

« Retenu quelquefois, couché sur le gazon, ou assis sur
« une pierre, jusqu'au retour de l'aurore, dans mes admi-
« rations méditatives, et devenu, par elles, aussi persuadé
« que *Socrate* de l'immortalité de nos ames, je m'écriais
« en regagnant ma retraite : S'ils m'égorgent aujourd'hui ;
« *Demain tous ces soleils brilleront sous mes pieds....* »

Voilà ce que j'écrivais il y a dix années, époque d'où
date mon entière conviction sur l'immortalité de l'ame. Si
mon opinion sur ce dogme était plus douteuse auparavant,
c'est que je n'y avais *que trop*, et *pas assez* réfléchi; car,
comme l'a très-profondément observé Bacon : *Un peu de
philosophie conduit à l'incrédulité; beaucoup de philosophie nous ramène à la religion.*

Ce n'est pas *changer* que de s'éclairer davantage par la
recherche de la vérité. Trop heureux celui qui pourrait mar-
cher en se perfectionnant dans la carrière de la vie ! je plains
ceux dont les ames ne ressortent pas plus pures du creuset
du malheur, et qui ne rectifient jamais aucune de leurs
idées aux clartés du flambeau de l'expérience.

Mes opinions sur l'immortalité de l'ame, et autres dog-
mes religieux, ne tiennent nullement, comme on pourrait
le croire, à la vivacité de mon imagination, à la sensibilité

de mon ame ; elles sont le fruit des plus profondes réflexions,
et je puis dire que peu d'hommes se sont trouvés à même
de réfléchir là-dessus aussi long-temps et aussi sérieusement
que moi. Je dois cet avantage aux malheurs de la révolution. Proscrit, condamné, pour un acte de dévouement envers ma patrie, la providence, sans me faire quitter Paris,
me retint emprisonné durant quinze mois , dans une retraite
isolée , où , n'appercevant en arrière que mon échafaud
dressé, devant moi que le soleil, la nuit et la nature, n'ayant
plus d'autre intérêt ici-bas que de réfléchir sur Dieu, sur
mon ame, sur la religion , je me livrai tout entier à la mé-
ditation de ces grands objets, et certes on ne réfléchit jamais
plus profondément qu'au pied de l'échafaud ! . . .

# DISCOURS

## SUR

## L'IMMORTALITÉ DE L'AME.

Mortem quid ultra est? vita. . . . . .

SENEC.

Au-delà de la mort, que trouvons-nous ? la vie.

En abordant une question d'une aussi sublime profondeur, et d'où dépendent les destinées de toutes les races humaines, mon esprit s'arrête, saisi d'étonnement et de respect ! Ce n'est point l'art d'écrire que j'appelle à mon secours; j'invoque la vérité sans laquelle l'éloquence n'est que le plus dangereux des poisons. Par la vérité seule l'écrivain peut élever un monument utile et durable.

La vérité est l'immortalité des écrits.

Les preuves de l'immortalité de notre ame vont résulter de l'examen que je dois faire :

De la nature de cette ame;

De l'instinct moral de l'homme ;

De ses diverses facultés intellectuelles ;

De la suprématie dont il jouit dans l'ordre de la création , et du but moral que doit s'être proposé l'être suprême en le créant ;

Enfin de la marche graduée que suit le créateur dans ses œuvres , de la chaîne qui en résulte , et du rang que l'homme y occupe.

En jetant un regard attentif sur notre ame , je trouve qu'elle renferme deux penchans contraires , dont l'un l'entraîne vers le bien , et l'autre vers le mal ; qu'elle a l'intelligence de les distinguer , et la liberté de se livrer à l'un ou à l'autre.

Ces deux penchans étant les uniques mobiles de nos affections , de nos pensées , sont le tout de cette ame , et comme les deux portions constitutives de son être.

Ce penchant vers le bien , et plus encore cette *volonté intelligente* par laquelle je le distingue, le choisis et le pratique, ne peuvent être qu'une émanation de Dieu, qui en est l'unique source; et, à ce titre, cette portion constituante de mon ame est sans doute d'origine immortelle.

Notre penchant vers le mal, et la faculté de le connaître, me paraissent attester aussi l'origine immortelle de notre ame.

Il existe un *mal moral* ; j'entends par là toute action qui renferme en elle *connaissance* de ce qui est mal et *volonté* de le commettre. Ce mal moral est *ancien* et *permanent*. Il ne saurait venir de Dieu lui-même qui ne peut pas à la fois être bon et méchant, et d'où ne peut dériver que le bien.

Il faut donc qu'un être primitif créé par Dieu, et dont je suis une émanation, ait introduit le mal (1) ; et que, sorti pur des mains du créa-

---

(1) On m'objectera peut-être que tout ce que j'ai dit de relatif au *mal moral* ne saurait s'appliquer au *mal physique*, qui n'est pas moins réel dans la création ; mais je réponds que dans mon opinion, il m'est démontré que le mal physique, (et j'entends par là tout ce qui peut se trouver de mauvais dans les trois règnes de la nature) dérive et est une suite et une dépendance du mal moral ; cela vient de l'analogie *inaperçue*, mais très-*réelle*, des choses morales et spirituelles avec les choses physiques, qui ne sont que les correspondances, les enveloppes et les récipiens de celles-là ; ou de leurs émanations, et qui n'existeraient point de même sans elles. Il faudrait plus de temps et d'espace pour développer là-dessus mon opinion, d'après laquelle tout ce

teur, il ait été doué par lui, non seulement d'une *intelligence* et d'une *liberté* assez entières pour pouvoir en abuser au point de distinguer et de commettre le mal ; mais encore du don de *l'immortalité ;* car je ne puis supposer que sa prévarication eût produit l'effet de transmettre de race en race le penchant vers le mal, et par là de le *perpétuer* dans la création, sans que lui-même fût *immortel.* Or, puisque j'émane de cet être prévaricateur doué d'immortalité, j'en conclus que, sous le rapport de sa perversité même, mon ame est encore d'origine immortelle.

J'ose même ajouter qu'il faut que cette *liberté*

---

qui est *mal physique* ne doit pas davantage être attribué à Dieu que la méchanceté des actions de l'homme.

Ceux qui, appercevant dans la création des choses mauvaises, lesquelles paraissent indépendantes du mal volontaire que commet l'homme, et qui dans la crainte, d'après cela, de regarder Dieu comme l'auteur du mal, ont nié la malignité de ces choses, et avancé que *tout est bien*, ont soutenu une absurdité ; mais ils ont fait outrage aux attributs divins, ceux qui, ne jugeant que sur les apparences, ont supposé que celui qui est l'amour de l'ordre et la bonté même, avait pu semer le mal sur la terre! L'opinion que j'avance explique et concilie tout. Je n'en donne ici que l'apperçu, parce que je ne puis pas, dans une simple note, présenter les développemens nécessaires, et que cela m'écarterait de mon sujet.

et cette *immortalité*, qui furent accordées à l'homme, aient été bien *absolues* et *irrévocables*, puisque, quoique leur résultat soit de *perpétuer* le mal, Dieu cependant ne les détruit pas, et par conséquent ne *peut* ou ne *veut* les détruire. Je fais là-dessus ce dilemme, ou Dieu peut détruire tout à fait cette liberté de choisir volontairement le mal, et ce penchant à le commettre, qui existent en nous, ou il ne le peut pas ; s'il ne le peut pas, leur nature immortelle est bien prouvée ; car leur *immortalité irrévocable* peut seule causer cette impuissance divine ; s'il le peut, et que cependant il les laisse subsister ( comme ils subsistent en effet ), il est évident qu'il ne peut avoir en cela d'autre dessein que celui de nous laisser placés entre le bien et le mal, connus l'un et l'autre de notre raison, afin d'établir en nous une *liberté entière :* or, pourquoi nous placer ainsi dans cet équilibre parfait de liberté, si ce n'est de deux choses l'une : ou pour que nous puissions, en pratiquant le bien pour lui plaire, lui offrir un témoignage d'amour qui lui soit d'autant plus agréable qu'il est *volontaire*, et dans ce cas il serait impossible qu'il y attachât tant de prix, si notre ame n'était pas immortelle, ou bien pour nous laisser le mérite de la vertu, que nous n'aurions pas sans le *libre arbitre*, afin qu'il puisse récompenser *avec motif* celui qui en fait un bon usage, ou pardonner *avec justice* des crimes antérieurs, d'où résultent en nous des taches originelles qu'il nous permet de venir effacer sur la terre; ce qui suppose encore l'immortalité de l'ame, puisque ces récompenses ou ce pardon ne sont point accordés dans ce monde.

L'attestation de cette origine immortelle de nos ames est comme burinée de main divine au fond de nous-mêmes.

Dieu plaça dans nos cœurs l'ardent desir de l'immortalité : nous l'appercevons, nous raisonnons sur elle, nous cherchons à la mériter, nous nous y élançons avec force, en un mot, nous en portons *l'instinct* bien gravé dans nos cœurs. Mépris à l'homme abject qui oserait le nier ! Or, vit-on jamais que Dieu plaçât dans une race d'êtres quelconque un instinct qui la trompât? Le ver qui doit devenir papillon se trompe-t-il sur sa glorieuse destinée, lorsque avant de mourir, pour renaître, il construit sa coque. L'attente des oiseaux est-elle trompée, lorsque l'instinct les presse de traverser les mers? Cette colombe qui couve ses œufs est-elle trompée dans l'espérance de les voir éclore ? L'homme lui-même, qui jouit encore de l'avantage d'être doué d'un instinct privilégié, qu'il appelle la conscience, est-il trompé par elle, lorsque dans le silence des passions et des préjugés, il écoute et suit les décisions qu'elle porte, et lorsque, ne l'ayant pas écoutée, il en reçoit des reproches et des conseils secrets ? S'il est donc vrai que Dieu n'imprime jamais, tant au physique qu'au moral, un instinct trompeur, pourquoi celui de l'immortalité de l'ame serait-il le seul qui nous trompât ? Quoi ! des abeilles et des fourmis s'approvisionnent par instinct de miel et de blé pour leur servir lorsqu'elles ne pourront plus butiner dans les champs, cette prévoyance qui leur est inspirée, ne se trouve ni vaine ni infructueuse, et celle de l'homme juste le serait, lorsqu'il s'approvisionne de vertus dans l'espérance d'en retrouver le prix dans un monde nouveau ? Non, l'instinct de l'immortalité, le plus sublime de tous, doit être aussi le moins trompeur.

Dieu ne laisse entrevoir à aucune créature ce que sa sagesse n'a pas résolu de lui accorder : il serait aussi indigne de sa grandeur que de sa bonté de se jouer sans cesse des hommes en ne leur offrant la perspective du plus attrayant des biens, que pour mieux jouir du plaisir de les en priver. Ce Dieu si juste et si bon est soigneux, au contraire, d'ôter à ses créatures jusqu'à la pensée des biens dont elles ne pourront jamais jouir ; de voiler même à leurs yeux tout ce qui peut leur être funeste. C'est ainsi que les animaux n'ont ni le sentiment ni l'idée des plaisirs, différens des leurs, que goûte l'homme ; la mort, qui vraiment les tue lorsqu'elle les frappe, cache pour eux sa faulx, et ne la laisse paraître à nos yeux, que parce que son tranchant ne peut nous atteindre. Pour ménager même notre faiblesse, elle dissimule sa présence, et, quoique debout au milieu de nous, et moissonnant sans cesse à nos côtés, nous ne l'appercevons presque pas ; son arrivée se montre toujours lointaine, même aux yeux du vieillard que berce encore l'espérance quand la tombe le réclame. Semblables aux animaux, nous ne pourrions ni desirer ni concevoir une existence immortelle (1), si elle ne nous était pas destinée, et moins encore en trouverions-nous l'instinct bien gravé dans nos ames.

----

(1) J'oserais presque dire qu'aux yeux de l'observateur, l'immortalité de l'homme paraît certaine, par cela seul qu'il peut en prononcer *le mot*, et en concevoir *le sens*.

Cet instinct presse tous les hommes à tel point, que lors même qu'ils veulent l'étouffer, ils lui rendent encore hommage par leur folie. Ils se créent et poursuivent alors une immortalité chimérique : c'est pour elle que ceux-ci s'agitent, que ceux-là se tourmentent, que les uns se consument, que les autres entassent crimes sur crimes : tous espèrent arriver au *temple de mémoire ?* ils veulent tous être *immortels !* . . . . . Les insensés ! ils rêvent l'immortalité des tombeaux, lorsque l'immortalité des cieux les appelle ! ils nient la réalité de l'objet dont ils poursuivent l'ombre ! . . . . ils achétent par des sueurs, des veilles, et trop souvent des forfaits, une fumée de gloire, une vaine renommée dont ils ne jouiront pas, qu'ils ne pourront pas même connaître, et qui peut-être encore doit leur coûter une éternité de malheur ! . . . . tandis qu'au prix de quelques vertus chrétiennes, ils pourraient obtenir une éternité de gloire réelle et de bonheur inexprimable ! . . . .

L'examen des diverses facultés de l'homme va nous dévoiler encore sa haute destinée.

Nous trouvons en nous une inquiétude secrète que rien n'appaise, un vide interne que rien ne remplit ; nous avons des passions dont l'é-

nergie et l'activité sont bien au-dessus des alimens qui leur sont offerts ici bas, et dont la
flamme s'évapore faute d'objet capable de la fixer;
nous nous trouvons pressés d'une soif de bonheur
que rien ne peut étancher, pas même la vertu;
car si elle ne nous met pas en guerre avec nous-
mêmes à l'instar du vice, elle ne nous donne pas,
ou plutôt elle n'est jamais assez pure ici bas
pour nous donner cette plénitude de félicité dont
le besoin nous tourmente. Nous sentons cependant que ce bonheur désiré n'est pas une chi-
mère, que nous en portons en nous-mêmes les
élémens et le germe; toujours à sa poursuite,
nous ne le saisissons pas; mais très-souvent nous
l'approchons assez pour être sûrs de son existence; presque à tous nos pas nous le heurtons
sans l'atteindre; à travers des lueurs rapides
nous appercevons son ombre qui vacille, et
jamais sa réalité permanente; ce qui prouve
que nous ne jouirons de celle-ci que dans un
autre séjour. Quoi! la destinée de l'homme vertueux serait d'espérer sans cesse cette félicité
suprême sans jamais la goûter! Si Dieu n'avait
pu créer l'homme que de manière à désirer le
bonheur, à sentir qu'il en est susceptible, et à
rester toujours malheureux même après qu'il a
pratiqué le bien, il eût manqué de puissance;

et si, pouvant le créer d'une manière moins bi-
zarre, il ne l'eût pas fait, il eût manqué de
bonté : chacune de ces suppositions est d'une
absurdité criminelle.

Dieu permet à l'homme de contempler ses
œuvres, de concevoir en partie tout ce qu'elles
ont de merveilleux ; affamés de vérité, nous
brûlons d'admirer et de pénétrer toujours de
plus en plus les profondeurs de la sagesse divine. Cette sagesse, qui ne fait jamais rien en
vain, ne nous a pas donné de pareils désirs
dans le dessein qu'ils ne fussent jamais accom-
plis.... Ils le seront sans doute : ce qui nécessite
l'immortalité de l'ame ; et certes ce ne sera pas
assez de l'immortalité même pour admirer toute
la profondeur des œuvres de l'Éternel.

Dieu nous accorde d'élever jusqu'à lui nos
prières : il lui est donc agréable de les recevoir,
et dès-lors il doit lui plaire de les exaucer. Quel
serait le père barbare qui laisserait à son fils la
faculté de l'implorer sans cesse, quoique résolu
de ne jamais lui accorder ses demandes?

Nous fûmes créés assez doués de raison pour
apprécier le bien et le mal, assez indépen-

dans pour pratiquer l'un ou l'autre; tous deux nous sont offerts dans une balance, et notre choix libre nous laisse ou la coulpe du crime ou le mérite de la vertu. Deux emplois de la liberté si opposés, comportent deux destinées différentes. La miséricorde divine peut pardonner au méchant qui a choisi le crime, ou lui ménager des moyens de retour, et j'aime à le croire; mais sa justice doit une récompense à celui qui a préféré la vertu; le prix de la victoire ne lui étant pas accordé dans ce monde, doit nécessairement lui être réservé dans un autre. O nécessité d'un monde où tout soit à sa place, et pesé par la justice au poids de la vertu, que tu te fais bien sentir aux yeux de ma raison !

Seule dans l'univers, la pensée de l'homme a le droit d'élever des monumens impérissables. La main du temps ne peut briser la trompette d'Homère et la lyre de Virgile; son souffle ne saurait flétrir le laurier de Corneille et les palmes de Racine. Leurs chants, loin de vieillir avec le monde, retentiront toujours plus harmonieux. L'œuvre du génie n'est indestructible que parce que sa source est immortelle.

Cette même pensée, étincelle du regard divin, parcourt à l'instant toute la création et s'enfonce plus loin. Placée hors du cercle du temps, elle regarde ce vieillard se traîner devant elle, d'un vol elle en devance la course, ou recule au-delà de sa naissance. Elle voit venir la mort et brave ses coups; elle apperçoit l'abyme du néant, et elle ose le franchir; méprisant la terre et toutes les sphères, elle promène au milieu des hiérarchies célestes, et ne craint pas d'y marquer sa place.... Là voilà prosternée devant l'Éternel, offrant le présent de l'amour, brûlant l'encens de la vertu, et lui adressant la parole.... Serait-ce pour ramper et mourir qu'elle aurait reçu de pareilles ailes? non : c'est pour planer dans l'immortalité......

Nos cœurs, que nous sommes libres de refuser à Dieu, peuvent se donner volontairement à lui. L'homme juste peut l'aimer avec une extension sans bornes. Cet amour ne mérite-t-il aucun retour? serait-il assez payé par le don fatal d'une vie passagère et souffrante? Tout amour sans réciprocité serait un renversement de l'ordre, une dissonnance dans l'harmonie générale, un supplice pour l'être réduit à aimer seul ; aussi Dieu ne créa que des amours réciproques, et partagea tout le monde sensible en deux sexes qui brûlent également l'un pour l'autre : telle est la loi fondamentale qui, sous les eaux, sur la terre, dans les airs, régit l'universalité des êtres organisés. Eh quoi ! celui qui est l'amour par essence et le verse à torrens, qui a fait de la réciprocité de l'amour le grand ressort de la nature, le pivot sur lequel roule le monde sensible, et d'où dépendent sa conservation et sa durée ; ce Dieu si aimant et si bon allumerait et laisserait subsister en nous et pour lui, un amour qui n'obtiendrait jamais de réciprocité ? Quoi ! l'amour pour Dieu qui, sans contredit, est le plus fondé en raison, le plus pur, le plus méritoire de tous, serait le seul à n'être jamais payé de retour ? Quoi ! Dieu presque ingrat envers le juste qui l'aime et l'adore ! ah ! quel horrible blasphême !... O mon père ! ô mon Dieu ! cet amour que tu daignas allumer pour toi dans nos cœurs, nous est le plus sûr garant de la réciprocité du tien, et cette union avec ton être éternel nous assure à la fois le bonheur et l'immortalité !

Interrogeons à présent l'univers ; voyons quelle est la suprématie du rang que j'y occupe, quels sont mes rapports avec les êtres qu'il renferme, et si mon existence ne doit pas avoir quelque but moral qui atteste encore mon immortalité.

Le premier coup-d'œil que je porte autour de moi me découvre la création d'un univers si immense, si rayonnant, si peuplé de merveilles; j'apperçois dans le vaste atelier de la nature, cette étonnante manœuvrière du grand architecte, une si prodigieuse quantité d'ouvrages admirables; je me sens si faible au milieu de tous ces grands ressorts du monde physique, tant de masses énormissimes semblent écraser ma petitesse, que, cachant mon front dans la poussière, je me crois le plus vil des êtres que cet univers renferme. Je me rassure.... je jette un coup-d'œil plus attentif sur cette immensité de prodiges; et quel est l'excès de mon étonnement et de mon ivresse, lorsque de réflexions en réflexions, j'en viens au point de me convaincre que c'est *moi* qui suis le monarque de ce vaste et brillant empire!....

Je reconnais d'abord que tout ce qui, dans la création, n'est que physique, le cède à ce qui est moral; que tout ce que je vois de matériel n'est créé que pour l'usage et l'utilité des êtres divers doués de sentiment, et n'acquiert, de prix que par cette destination : que serait-ce que le superbe édifice de la terre et du firmament, si ce brillant palais n'était habité que par la mort? La lumière n'est précieuse qu'autant qu'il existe des yeux pour voir. Notre pensée, qui mesure la distance des astres, et en calcule la marche, est bien au-dessus de ces sphères, et tous les feux du soleil ne valent pas les sentimens que l'amitié m'inspire. Il suffit donc que je me trouve un cœur sensible, que je sois un atome pensant, pour que je me classe au-dessus de tous les corps matériels et physiques, quelqu'énormes et radieux qu'ils puissent être.

En me considérant ensuite sous mes rapports avec tous les êtres qui ont quelques portion de vie, de sentiment et d'intelligence, je découvre que, par les attributs exclusifs dont je suis doué, tels que la raison, la parole, la perception du bien et du mal, le libre arbitre, la conscience, le pouvoir d'élever ma pensée, mon amour, ma prière vers l'Etre suprême; enfin cette intelligence si au-dessus de tous les êtres et susceptible d'une perfectibilité sans bornes; je découvre, dis-je, que par tant d'attributs précieux, je suis l'être le plus privilégié qui existe ici bas, le roi de la nature à qui tout est soumis. Toutes les choses que j'apperçois ne sont créées que pour des usages et par des motifs d'utilité qui remontent tous de l'un à l'autre jusqu'à l'homme.

et paraissent n'avoir que lui pour dernière et unique fin. Ces vérités me frappent alors de tant de surprise et d'admiration , que, presque effrayé de la sublimité de mon être, du diadême qui me couronne, du dais étoilé suspendu sur ma tête; je me demande pourquoi je tiens dans mes débiles mains le sceptre de l'univers; si tant de choses étant créées à mon usage, et n'ayant d'autre fin que moi, mon existence n'a elle-même aucune fin morale, et si tout se borne, pour ce roi de la nature , à souffrir quelques instans; pratiquer quelques vertus sans récompense; commettre impunément quelques atrocités et s'anéantir dans la tombe! O délire du matérialisme!.... ô supposition insensée , affreuse, blasphématrice! ô cruel outrage à la sagesse divine!... Quoi! l'homme, but de la création, aurait été lui-même créé sans but! Son cercueil serait le terme où tout viendrait aboutir! la terre et les cieux en travail n'enfanteraient qu'un ver fangeux et mortel dont les brillans attributs ne lui donneraient d'autre prérogative que de concevoir sa bassesse, d'être venimeux et méchant par volonté, d'ajouter aux douleurs physiques les souffrances morales, d'appercevoir l'immortalité pour mieux sentir les coups de la mort!

Est-il dans l'ordre des conceptions divines que ce brillant univers ne serve qu'à reproduire sans cesse des races nouvelles qui, toujours plus perverses, rivalisent de forfaits ? **Non**, l'existence de l'homme doit nécessairement avoir un but moral, et l'on ne peut pas m'accorder ce principe sans admettre l'immortalité de l'ame ; car si la mort anéantit tout dans l'homme, son existence, loin de présenter un but moral, n'offre que le scandale de l'immoralité la plus révoltante, et je le prouve.

Parcourons d'un regard l'affreux tableau de la scène du monde.

Aux portes de la vie, le hasard agitant son urne préside aux naissances : c'est par le seul arrêt du sort que nous nous trouvons jetés sous une zone tempérée ou glaciale, que nous sommes riches ou indigens, libres ou dans les fers, privés ou doués de génie : la laideur et la beauté moulent nos traits suivant leurs caprices, et les maladies, à leur gré, respectent ou assiégent nos berceaux.

Plus avant dans la carrière de la vie, l'aveugle fortune, insensible aux plaintes du malheur, sourde à la voix du mérite, aux accens de la vertu, tourne une roue qui sans cesse et sans

choix, élève les uns, renverse et écrase les autres.

Quelle est cette vile idole devant laquelle tous
les genoux fléchissent? c'est le sordide intérêt qui,
son sceptre d'or à la main, règne en despote sur
toutes les races humaines; plus puissant que la
nature, il en renverse les lois et brise ces nœuds
d'affection qui lient les familles : en laissant à
l'amour les traits qui nous blessent, il en usurpe
ou détruit l'empire, et maîtrise à son gré le saint
hyménée. Le lien conjugal, que notre jeu-
nesse n'apperçoit d'abord que comme une guir-
lande de fleurs, se change bientôt en une chaîne
pesante; l'infidélité, le dégoût, l'antipathie,
viennent tourmenter les époux, et sur-tout le
plus faible. Parmi tous les peuples, je vois un
sexe oppresseur, abusant de sa force, tyranniser
un sexe aimable, chef-d'œuvre du ciseau divin,
et devenu presque l'unique dépositaire de ce qui
reste encore à l'espèce humaine, de sensibilité,
de douceur, d'empire sur les passions; (1) celles-

_______________________

(1) Notre sexe est injuste, en tout, envers les femmes, et
même dans l'opinion qu'il a conçue de leur caractère et de
leur mérite : en général tout ce que nous appercevons de
vicieux dans les femmes, n'est, en grande partie, que cette
portion de vice que nous lui transmettons nous-mêmes par

ci, comme des vents impétueux qui se jouent d'un vaisseau dont le pilote néglige le gouvernail, nous poussent vers mille écueils où la raison naufrage : les uns se laissent abrutir par les excès de la débauche ; les autres sacrifient leur fortune à leur orgueil ; plusieurs, entassant de l'or sur de l'or, vivent pauvres pour mourir riches ; la plupart se condamnent aux tourmens de l'envie, de la haine, de la basse jalousie ; presque tous sont esclaves de l'égoïsme, et les plus téméraires, entraînés par l'ambition, obéissent aveuglément à tout ce qu'elle ordonne ; c'est elle qui, mère des plus grands fléaux, déchaîne parmi les nations l'affreux démon des combats.... Voyez-le parcourir et ravager les empires aux éclats de ses millions de foudres, et traînant à sa suite le pillage, l'incendie, la famine, la mort !.... La terre, toujours plus abreuvée de sang innocent, crie toujours plus vengeance vers les cieux, et toujours les cieux se taisent !......

Le malheur ne répand jamais que d'impuis-

la force de l'exemple et des séductions. Si tout le mal qui est en nous pouvait cesser un instant d'influer sur ce sexe enchanteur, nous reconnaîtrions alors, qu'en sortant des mains de la nature, il est vraiment au moral, plus encore qu'au physique, le plus parfait ouvrage de la divinité.

santes larmes : Écoutez cette veuve infortunée.
« Je ne meurs, dit-elle, d'inanition, que parce
« qu'un tribunal impie, en condamnant mon
« époux innocent, nous dépouilla de nos biens ;
« ma fille ne partage mon sort que parce qu'elle
« préfère l'honneur à la vie ; j'invoque sans cesse
« la providence qui m'accable sans cesse de nou-
« veaux malheurs : si Dieu ne nous dédommage
« pas dans un monde nouveau, sa cruauté sur-
« passe encore sa puissance.... »

Pénétrez à présent dans ces brillantes demeu-
res, où des courtisanes boivent dans des coupes
d'or le fruit de leur impudeur : ce portique, ce
palais, ce char, ces lambris, tout ce que vos yeux
admirent est le salaire de la prostitution !

Exposerai-je plus en détail ce qu'offre de dé-
goûtant le spectacle des sociétés humaines? re-
présenterai-je la pudeur timide aux prises avec
le vice effréné ; la bonne foi trompée par le mensonge et l'astuce ; la probité victime de la scélé-
ratesse, et la perfidie faisant mouvoir ses ressorts invisibles ?

Dévoilerai-je de Thémis les faiblesses secrètes,
ses caprices, ses erreurs, ses partialités ?

Peindrai-je, hélas ! les maladies distribuant leurs souffrances ; la contagion exerçant ses ravages ; l'art trompeur de la guérison appliquant ses tortures ; l'esclavage appesantissant sa chaîne sur l'Africain qui la brise à son tour sur ses anciens maîtres ; l'intolérance allumant ses bûchers ; le fanatisme égorgeant ses victimes ; la superstition abreuvant ses idoles de sang humain, et les hordes sauvages qui s'entredévorent elles-mêmes ?...

Peindrai-je la mort ingénieuse en cruautés, variant ses coups au gré de ses caprices ? De riches criminels meurent sur des lits somptueux ; leur vile dépouille que le génie des arts élève en trophées sur la terre, la fatigue encore long-temps de leur orgueil, tandis que des malheureux sans nombre rencontrent des trépas sinistres.... les uns sont écrasés sous un édifice qui s'écroule ; les autres descendus dans une mine en sont rejetés en cendres par une vapeur qui s'enflamme (1) ; ceux-ci périssent soudain frapés de la foudre, ou submergés par les flots ; ceux-là restent ensevelis dans les décombres d'un incendie, ou sous la lave des volcans ; des cités

_______________

(1) Les 'monfettes.

entières sentent trembler la terre sous leurs rem-
parts et disparaissent englouties dans son sein : O
Messine ! compagne infortunée de Lisbonne,
j'ai parcouru ces beaux rivages où jadis tu ré-
gnais avec pompe, j'ai touché cette terre qui
te sert aujourd'hui de sépulture, et mes yeux,
accusant, d'un regard indigné, le formidable
Ethna, ont pleuré sur tes ruines!....

Ma plume succombe! Cessons d'envisager l'affreux tableau des calamités humaines, et que
chacun convienne, que presque toujours sur la
terre, on voit le génie du mal combattre et trop
souvent vaincre le génie du bien. Soleil ! ne
brilles-tu que pour éclairer un pareil triomphe?
Être suprême ! n'as-tu créé le monde que pour
consacrer des atrocités semblables?

(1) « Dieu terrible! quel effroi me saisit en

---

(1) Les raisonnemens contenus dans les deux paragra-
phes suivans, sont *faux* et *blasphématoires ;* je ne me les
suis permis que pour mieux prouver la nécessité d'un monde
où celui qui vit en homme de bien sur la terre et que le
malheur accable, puisse être récompensé; car si cela n'était
pas, ces mêmes raisonnemens seraient alors très-*consé-
quens ,* et les reproches *fictifs* que j'ose adresser à Dieu
deviendraient très -*fondés ,* ce qui cependant ne peut être

« réfléchissant sur ta cruelle puissance ! Quoi ! je
« me trouve exister sur ce globe par ta volonté,
« sans participation de la mienne, et quand
« même la mort, qui n'obéit qu'à tes ordres,
« me permettrait de franchir ma prison par le
« suicide, il dépend encore de toi de m'y repla-
« cer... J'éprouve aujourd'hui des douleurs cruel-

---

-vrai, puisque la raison nous démontre qu'un être tout-
puissant ne saurait être capricieux, injuste et cruel.

Que l'on y réfléchisse sérieusement, et l'on reconnaîtra : d'a-
près tout ce qui se passe au physique et au moral, sur cette
terre, qui est comme un palais essentiellement destiné à
loger l'espèce humaine et tous les objets créés pour son usage,
que si nos ames n'étaient pas immortelles, il faudrait de
deux choses l'une : ou que ce palais et le maître qui l'occupe,
enfin toute la création que nous voyons, existassent sans
qu'un *pouvoir intelligent*, quel qu'il soit, eût présidé aux
combinaisons *si pleines d'intelligence*, dont ils sont le
résultat, ce qui est impossible ; ou que ce pouvoir intelligent eût fait preuve de folie et de méchanceté, ce qui est
encore impossible, et d'autant plus qu'il en résulterait alors,
qu'un homme sage et vertueux, quelque faible qu'il puisse
être, vaudrait réellement mieux que cette intelligence créatrice folle et cruelle, quelque puissante qu'elle soit ; ce qui
est d'une absurdité révoltante. On ne peut admettre en principe, l'existence d'un Être suprême, sans adopter comme
conséquence, l'immortalité de l'ame. Tout homme qui la nie
est un faux logicien ou un athée, et l'on ne peut être athée
sans être devenu tout à fait déraisonnable à force d'abuser
de sa raison.

« les sans que je puisse m'y soustraire, tu peux
« donc demain m'en faire éprouver de plus gran-
« des, et les accroître sans terme, en me tradui-
« sant sans cesse du berceau vers la tombe et de
« la tombe au berceau....

« Ne pouvant me mettre à l'abri de ta puis-
« sance créatrice, j'espère au moins, en existant
« où tu veux, y trouver une égide dans ta justi-
« ce, et je n'en trouve point!... Je fais le bien,
« je reçois le mal; je t'implore, tu te tais; tu
« places dans mon cœur deux penchans oppo-
« sés, si je me livre à celui qui m'entraîne au
« vice, je trouve au fond de moi - même un
« juge qui me condamne, un remords qui me
« châtie..... Si je préfère l'attrait qui me porte
« à la vertu, je ne recueille au dehors que mi-
« sère et souffrance.... tes rigueurs envers moi
« sont inconcevables : tandis que souriant à l'u-
« nivers entier, tu l'éclaires par des soleils sans
« nombre, que tu maintiens en harmonie tou-
« tes les sphères, que tu pares de verdure et de
« fleurs l'empire végétal, que tu fournis aux ani-
« maux des vêtemens et des abris, tu me refuses
« presque tout.... Ce n'est qu'à moi que tu vends
« la nourriture au prix de la sueur : pourquoi te
« déclarer à ce point mon ennemi ? que t'ai-je

« fait? où s'arrêtera ta fureur à mon égard? quels
« que soient les dons que je t'offre, les pleurs
« que je répande, les lieux où je te fuie, je te
« retrouve armé pour me frapper.... O mes sem-
« blables! quelle garantie nous reste donc contre
« un pouvoir inconnu qui nous fait exister et
« souffrir malgré nous, que rien ne fléchit, qui
« peut tout, et qui se montre si cruel envers
« notre race?... A cette idée, frémissons tous
« d'horreur et de crainte.... Invisible tyran!
« puisque tu te plais à créer des hommes pour
« les tourmenter, montre-toi : donne - nous des
« forces, des armes, égales aux tiennes, et du
« moins alors nous pourrons te combattre. »

C'en est trop : je m'indigne d'insulter si long-
temps à la raison et d'outrager mon Dieu; ne
crains-je pas que sa foudre réponde à mon blasphême et punisse mon audace! Non, non, la Divinité n'est point injuste et cruelle ; cette terre
et l'homme qui l'habite ne sont point une œuvre
folle et immorale : pour qu'il y ait sagesse, justice et, but moral, il faut que notre ame sur-
vive et que, quittant cette terre d'exil, ce séjour
d'épreuve, où elle ne semble placée que pour régler elle-même ses destins futurs au gré de son
libre arbitre, elle entre dans un séjour où la vertu

soit récompensée. Enfin ce monde créé pour l'homme, l'homme créé pour arriver jusqu'à l'Être suprême, et augmenter le nombre des intelligences qui jouissent près de lui d'un bonheur éternel, voilà ce qui peut s'appeler un but moral digne de la puissance et de la bonté de Dieu.

Telle est la profonde sagesse du Créateur, et la belle ordonnance de ses œuvres, que leur ensemble, comme je vais l'exposer, ne forme qu'une seule et immense chaîne dont les anneaux ne sauraient être interrompus, ce qui ajoute une dernière preuve à notre immortalité.

Certes, il n'est pas besoin de contempler longtemps l'univers, pour reconnaître que tant au physique qu'au moral, la nature ne marche point par écarts et par sauts ; que dans l'emble de l'œuvre, dont elles est l'instrument, tout se tient, s'engrène, se presse de proche en proche sans qu'il y ait secousse ni interruption ; tout se développe d'une manière imperceptible, tout se succède par des nuances et des gradations légères ; les transitions sont toujours si bien ménagées, qu'on arrive insensiblement d'échelons en échelons, depuis le dernier degré de la matière, jusqu'au plus haut degré de l'intelligence. Toute la création forme une immense chaîne dont la main de Dieu, qui en vivifie l'ensemble, tient le premier anneau, dont le dernier va se perdre dans le néant; mais dont tous (quoique souvent leur liaison nous échappe) s'entrelacent les uns dans les autres sans aucun nœud confus, sans intermittence d'anneaux disproportionnés.

Ces vérités, une fois reconnues, j'examine quel est le rang que l'homme occupe dans cette échelle des êtres ; je trouve qu'il est dans l'architecture de l'univers, le chapiteau de la colonne; que tout monte par degrés jusqu'à lui, de sorte qu'il forme le plus haut et le dernier anneau de la chaîne perceptible, où viennent aboutir et se terminer toutes les choses visiblement existantes.

Parvenus à ce terme, notre œil n'apperçoit plus rien; mais notre raison ne doute pas que la chaîne ne doive continuer pour remonter jusqu'à Dieu. Si cependant l'homme périssait tout entier, cette chaîne serait vraiment interrompue, et comme tranchée par la faux de la mort ; en arrivant à ce point de la route, on la trouverait interceptée par l'abyme du tombeau. Pour que l'échelle des êtres moraux se prolonge, et que la chaîne qui lie toute la création continue, il faut que le dernier anneau du monde visible, formé par l'existence de l'homme, se rattache à l'extrémité inférieure du monde invisible ; et que le trépas, au lieu d'être le gouffre qui sépare les rives des deux mondes, soit le pont qui les unisse, ou comme le vaisseau qui franchit cet océan....

Pour que les choses soient ainsi, il faut que l'homme ne soit pas un être simple, mais mixte ; qu'il participe à deux natures bien différentes : que par l'une, d'où dérive son corps, il tienne au monde visible et destructible ; et que par l'autre, d'où émane son ame, il tienne au monde intellectuel et invisible.

Si la réflexion nous indique que les choses doivent être telles, il n'est plus possible d'en douter, lorsqu'en considérant l'ensemble de l'homme, on apperçoit qu'en effet tout prouve qu'elles sont ainsi.

Jetez vos regards sur notre corps dont l'aigle et le lion dédaigneraient d'habiter le frêle édifice ; (et qui cependant par sa forme pyramidale, la voûte de son front, la direction de son regard, l'empreinte auguste de son visage, de-

vant qui toute race d'animaux recule de respect et de crainte, la flexibilité de sa langue
qui corporifie la pensée, la structure de ses mains
créatrices, et sa nudité même qu'il peut revêtir
à son gré de haillons ou de pourpre, nous dé-
cèle le secret de la grandeur et des destinées de
l'Être intellectuel qu'il renferme). Regardez,
dis-je, ce corps humain croupissant dans la
fange, respirant des odeurs fétides, rampant au
milieu des vers dont il sera la pâture; voyez
cette malheureuse victime tourmentée par les
maladies, et traduite par la frayeur aux divers
supplices de la mort..... Considérez ensuite notre
ame, franchissant à volonté les espaces sur l'aile
de la pensée, assise sur la voûte des cieux, debout sur le piédestal de la création, en rapport
avec Dieu même, et libre de lui rendre hommage ou de l'outrager. Pouvons-nous voir cette
ame et ce corps ne former qu'un seul tout dans
l'homme actuel, sans reconnaître dans ce mélange étonnant de grandeur et de bassesse, dans
cet être, dont les deux extrémités embrassent le
ciel et la terre, le lien qui les unit l'un à l'autre,
le point de contact par lequel ils se touchent;
cet anneau central et nécessaire de la chaîne où
viennent se rattacher par tant d'anneaux succes-
sifs, d'un côté, toute la création physique et tous

les êtres sensibles d'un ordre inférieur et périssable ; et de l'autre toute la création inconnue, et les êtres d'un ordre supérieur et indestructibles ; enfin cet intermédiaire indispensable entre le visible et l'invisible , le matériel et l'immatériel , la mort et la vie, le temps et l'éternité, les esprits lumineux et les créatures charnelles , Dieu et la création.

Je viens de parcourir rapidement le cercle que je m'étais tracé. Ainsi l'on a vu que l'immortalité de l'ame se démontre

Par la nature de cet ame qui renferme à la fois deux penchans , dont l'un l'entraîne vers le bien, et l'autre vers le mal , et qui, quoique opposés , ne peuvent émaner tous les deux que d'un principe immortel ;

Par l'instinct moral de l'homme , d'où résulte en lui le désir et le sentiment de l'immortalité ; instinct qui ne saurait l'égarer, parce que Dieu n'imprime jamais dans aucune race d'êtres un instinct trompeur , et ne laisse point entrevoir à ses créatures les biens qu'il n'a pas résolu de leur accorder.

Par l'examen de nos facultés intellectuelles,

qui toutes annoncent notre immortalité , sans laquelle nous ne saurions comment expliquer cette inquiétude secrète que rien n'appaise ; ce vide intérieur qu'aucun sentiment ne peut remplir ; cette énergie de nos passions bien au-dessus des alimens qui leur sont offerts ; cette soif de bonheur que rien ne saurait étancher , pas même la vertu ; ce pouvoir qui nous est donné d'admirer avec discernement les œuvres divines ; ce désir d'en pénétrer la profondeur , que nous ne conserverions pas s'il ne devait jamais être satisfait ; cette liberté d'adresser nos prières à Dieu qui ne saurait être assez cruel pour nous laisser le besoin de l'implorer sans cesse , s'il était résolu de ne jamais nous exaucer ; cette faculté qu'il nous accorde de pratiquer sciemment le bien et le mal ; ce qui, nous laissant la coulpe du crime ou le mérite de la vertu , nécessite pour l'avenir deux destinées différentes; ce don de notre pensée qui seule a le droit d'élever des monumens impérissables, et qui, aussi rapide que féconde, parcourt à volonté cet univers, en crée de nouveaux, sillonne en un instant l'épaisse nuit des siècles passés et futurs, vole au pied du trône de l'Éternel, scrute ses desseins, juge ses œuvres, l'invoque ou le blasphême; enfin cette permission accordée à l'homme juste d'aimer

Dieu avec une extension sans bornes ; ce qui suppose qu'il en sera payé de retour, parce que Dieu ne saurait être ingrat, que tout amour sans réciprocité serait une dissonnance dans l'harmonie générale, puisqu'il fit de la réciprocité de l'amour, le pivot sur lequel roule le monde.

L'on a vu que l'immortalité se démontre encore par la suprématie dont jouit l'homme dans l'ordre de la création, toute combinée dans un but qui lui est relatif ; ce qui suppose que sa propre existence a un but moral, parce qu'il ne serait pas digne de la sagesse divine, que cet univers ne servît qu'à produire, engloutir, renouveler et détruire sans cesse des races humaines qui, douées des plus brillans attributs, n'auraient cependant d'autre prérogative que de choisir le mal par réflexion, de commettre impunément le crime, de pratiquer la vertu sans récompense, d'ajouter aux douleurs physiques les souffrances morales, d'appercevoir le prix de l'immortalité, pour mieux apprécier toute l'horreur de la mort :

Par la gradation constante que suit le créateur dans ses œuvres, la chaîne qui en résulte, qui doit remonter du néant jusqu'à l'être des êtres, et qui cependant serait interrompue si l'homme n'était pas un être mixte qùi, par sa chair vile et périssable, tient à la création matérielle et perceptible; par son ame, d'origine céleste, se rattache à la création invisible, et qui par là, devient ce chaînon intermédiaire qui joint les deux mondes, et unit tout l'ensemble de l'œuvre divin.

Si après tant de preuves qui servent à résoudre le plus important problême qui intéresse l'espèce humaine, je considère encore que mon opinion est ratifiée au tribunal de ma conscience, et comme sanctionnée par une voix secrète qui s'élève au fond de mon cœur, et le fait tressaillir..... que d'âge en âge, depuis que l'on connaît le cours des siècles, elle fut adoptée par tous les peuples qui ont couvert la terre; publiée sur-tout, par les anciens sages de la Perse et de l'Inde, de l'Egypte, de la Scythie, de la Chine et de toute l'Asie : que si elle fut, hélas! contredite de nos jours par quelques sophistes, elle fut professée chez les Grecs et les Romains, en France, en Angleterre, en Allemagne, par les plus grands philosophes et les plus vastes génies qui aient illustré les siècles les plus éclairés, tels que *Aristote, Socrate, Platon, Cicéron,*

*Bacon, Descartes, Newton, Clarke, Euler, Pascal, Racine ;* et qu'enfin elle est consacrée par toutes les traditions orales , historiques et religieuses : alors cette opinion n'est plus un problême à mes yeux ; elle est une vérité démontrée , et dans les transports de mon admiration, j'appelle tous les hommes à se réjouir avec moi de *notre immortalité.....*

O ciel ! il est donc vrai , nous sommes immortels!.... Dieu puissant, soutiens ma faiblesse; je succombe sous le poids de tes bienfaits!.... Quelle immensité d'espérance me ravit ! quelle prodigalité de bonheur se prépare ! quelle flamme de reconnaissance et d'amour s'allume dans mon cœur ! quelle charité m'attendrit et m'embrase envers tous mes semblables ! Je ne vois plus, parmi eux, des rivaux, des ennemis, des jaloux; je n'embrasse que des frères.... Comme l'aspect de ce monde change tout-à-coup à ma vue!.... placé sur la terre pour y conquérir les cieux par la pratique de mes devoirs envers la patrie et l'humanité, je deviens meilleur citoyen, meilleur époux, le plus tendre fils, le plus sincère ami. L'or et l'ambition ne sont plus nécessaires pour m'exciter à servir l'État, l'injustice et l'ingratitude, la crainte de la misère et du

trépas n'arrêtent plus l'ardeur de mon zèle.
O mes amis ! soyons vertueux, et quels que soient
les maux qui nous affligent, réjouissons-nous
d'exister. Nous sommes immortels ! .... et dès-
lors que nous importent la fortune ou l'infor-
tune, la renommée ou l'oubli, la mort ou la vie !
tout s'égalise , tout s'éclipse à nos yeux ; la
*vertu* seule reste : elle est *tout* .... heureux qui
s'en souvient ! malheur à qui l'oublie !!!

Hommes religieux , sages de tous les temps ,
de tous les climats, entonnez avec moi des chants
d'alégresse. Célébrons ensemble notre immortalité ! A cette idée mon ame voudrait déjà
briser ses liens ; elle s'élance..... Quel vaste
et brillant portique s'ouvre ! .... je vois tourner
devant moi la roue de l'éternité.... Quel nouveau soleil brille à mes yeux ? Il procède de
Dieu même ! sa chaleur est *amour* , principe
des *affections ;* sa lumière, *intelligence*, principe des *pensées ;* ses rayons sont cet *esprit* qui
donne aux ames justes, amour sans bornes, intelligence et félicité suprêmes.

Douterait-on de ce qu'en cet instant la vérité
m'inspire ! qu'on interroge le soleil visible, il
répond :

« Je te représente sur la terre ce qu'est le
« soleil divin dans les cieux : je lance des
» feux , il étincelle la vie : je suis le soleil
« périssable des corps destructibles, il est le so-
« leil éternel des intelligences immortelles. Il
« m'a créé l'époux de la nature sur laquelle j'a-
« gis, et que lui seul féconde. Celle-ci n'est que
« le dernier des ateliers du grand architecte, où
« sa main sculpte et anime jusqu'à la plus vile
« matière; où la vie lutte sans cesse enveloppée
« des bras de la mort; où le mal et le bien
« combattent ensemble. — Cet univers est un
« symbole..... cette terre un séjour intermé-
« diaire..... tout ce qu'ils offrent de bon à tes
« yeux est le bas-relief , le paysage représentatif
« du monde céleste , vrai séjour de la vie....
« Dieu s'est peint dans ses œuvres... je n'existe
« que comme son image. »

O vérités fécondes! que ne puis-je vous pro-
clamer sur toute la terre aux accens de la plus
victorieuse éloquence ! Oui , j'oserai le pu-
blier ici :

Le souverain des mondes créés ou à naître a
lui-même incrusté son image en traits de feu ,
dans l'azur du firmament. Elle reste assise sur

le trône des airs , pour que tous les hommes puissent chaque jour la contempler. Elle eût mal
exprimé la ressemblance du Créateur , si elle
n'eût pas été douée elle-même d'une vertu productrice : aussi le Dieu vivant en l'embrasant
d'un souffle , l'a rendue un foyer de chaleur et
de lumière dont les rayons actionnent à la fois
toute la nature.

« Soleil ! inextinguible flambeau qui, sans jamais te consumer ou t'accroître , brûleras à la
gloire de l'Éternel dans tout le cours des siècles ;
lustre étincelant suspendu sans point d'appui ,
dans le vaste temple de la création, et qui seul
l'éclaires tout entier ; hiéroglyphe mystérieux,
gravé de main divine sur la colonne de l'univers, pour laisser entrevoir à la terre ce qu'est
la divinité dans les cieux ; miroir resplendissant
qui nous réfléchis son image , et qui par l'immensité de tes prodiges régénérateurs , me dé-
couvres l'action et la fécondité créatrice du *soleil intellectuel ;* non , jamais mes yeux ne se
lasseront de t'admirer ! .... Comme astre périssable, je te dédaigne , tu n'es qu'un flambeau
que le souffle du temps peut éteindre ; comme
portrait rayonnant de mon Dieu , je m'humilie
devant toi. Mépris à l'insensé , malheur à l'im-

pie qui ne te fixent que d'un œil ingrat ou stupide. Ce n'est qu'en te contemplant que l'homme peut dérober quelques secrets divins. C'est toi qui sers de marche à la pensée, lorsque d'un pas elle veut monter de la terre aux cieux pour y méditer l'être des êtres.

« C'est le *trine* que me présente l'union de ta chaleur, ta lumière, ton rayon qui, quoique distincts et procédant les uns des autres, sont co-existans entre eux, et ne forment qu'un seul astre d'où jaillirent et jailliront sans cesse des torrens de vie et de clarté, sans qu'il y ait jamais soustraction dans la source productrice, ni relâchement dans le ressort conservateur; c'est, dis-je, ce *ternaire* empreint en toi qui me dévoile, bien mieux que toutes les bouches humaines, le *trine* mystérieux de l'être divin, et l'éternité passée et future de sa propriété créatrice et conservatrice.

« Ah ! ce n'est pas en vain que les premiers peuples qu'ait nourris la terre dans l'Orient se sont prosternés devant ton disque symbolique et radieux. Ces peuples vierges ne tombaient à genoux en corps de nation, que pour adorer sans doute dans l'époux visible de la nature, l'ordonnateur invisible de toutes les créations, ce vrai *soleil spirituel* dont la chaleur est *amour*, la lumière *intelligence*, et dont les rayons, émanation conjointe de ces deux sources de vie, pénètrent, animent et éclairent tous les êtres; ce *soleil divin*, premier procédant de l'unique et vrai Dieu, seul être incréé; de ce Dieu de tous les humains, de toutes les hiérarchies célestes, de tous les mondes des mondes; qui a précédé les temps et qui doit leur survivre; le grand *Jehovah!* .... premier et seul principe des choses, qui a tout enfanté *de* son être et *par* son être, excepté le *mal*, enfant de l'orgueil de quelques êtres immortels émanés de ses mains; enfin ce Dieu des dieux qui s'est nommé lui-même l'*Éternel, Alpha* et *Oméga, Adonaï* ou *sum qui sum*, et dont tu n'es toi-même, astre du jour, que l'émanation indirecte, l'instrument physique et la brûlante effigie.

« Mes yeux ne peuvent aujourd'hui soutenir l'éclat de tes rayons, demain peut-être mon ame ira planer au-dessus de ton trône :

Tu dois périr un jour, et je suis immortel!.... (1) »

_______________

(1) Ce que je viens d'exprimer dans ces derniers para-

graphes ne doit pas être considéré comme une simple pro-
sopopée dont j'ai voulu orner mon discours, mais comme
*l'exposition abrégée* de ce que je crois être la vérité sur
quelques points de métaphysique relatifs à la question de
l'immortalité de l'ame.

Je crois fermement, par exemple, que ce monde n'est
que *représentatif* d'un monde spirituel, vrai séjour de la
vie que notre ame doit habiter après la mort, et dont nous
pouvons nous former une idée en considérant tout ce que
la création visible présente à nos yeux, et en cherchant à
distinguer jusqu'à quel point la matière si grossière de
l'un, et le mélange du mal avec le bien, doivent le rendre
*dissemblable* à l'autre.

Dieu conserve toujours unité dans ses plans, il n'y a que
les résultats qui varient à l'infini. Il est dans l'ordre qu'il
se soit peint dans ses œuvres, et qu'il ait voulu nous ins-
truire par les choses terrestres, des choses célestes vers lesquelles nos desirs et notre curiosité se portent sans cesse.

La généralité des philosophes religieux ont pensé *que
tout ce qui est ici bas est correspondant à ce qui est
en haut.* Les religions diverses le confirment, et l'apôtre
a dit : *Par ce qui est fait dans ce monde les créatures comprennent les choses invisibles de Dieu.* Ep.
rom. chap. V : 20.

Par une suite de l'opinion adoptée, que le monde visible
représente matériellement le monde invisible, et que tout
ce qui paraît dans cet univers est *significatif*, j'ai dû pen-
ser (comme beaucoup d'autres raisons qu'il est inutile de
détailler ici, m'engagent à le croire) que le soleil que nous
voyons et qui actionne toute la nature, n'était que le sym-

bole d'un soleil divin qui devait briller dans les cieux , et y étinceler la vie, laquelle, bien analysée, n'est autre chose qu'*amour*, d'où naissent *affections* ; et *intelligence*, d'où naissent *pensées*. L'un forme en nous la *volonté*, et l'autre l'*entendement*.

Ce qui m'a confirmé dans cette opinion, c'est qu'en l'adoptant, les questions métaphysiques et religieuses les plus difficiles se trouvent, sinon tout à fait résolues, du moins beaucoup plus éclaircies, et que ce n'est que par là que j'ai pu me rendre raison d'une infinité de choses que je ne pouvais comprendre auparavant.

Je pense donc que ce soleil spirituel existe, et que celui qui nous éclaire physiquement, étant son image, c'est par lui que nous devons juger du premier.

Tous les deux répandent chaleur et clarté ; mais la *chaleur* du soleil physique n'est en elle-même qu'un feu sans vie, comme sa *lumière* n'est qu'une clarté qui colore et rend les objets d'ici bas perceptibles, et ses *rayons* procédant de l'un et de l'autre ne sont que le véhicule qui provoque la fermentation dans le sein de la nature, et la dispose à être fécondée; tandis que dans le soleil divin, la chaleur qui en émane doit être non seulement un calorique qui affecte les corps qui en sont frappés, mais elle doit être encore *amour*, dérivant de ce principe du grand être d'où résulte en lui volonté de créer, et tous les genres d'affections douces et bonnes. La clarté qu'il répand doit être non seulement clarté lumineuse qui colore et rend les objets visibles, mais encore *clarté intellectuelle* ou *intelligence*, dérivant de ce principe du grand Être, d'où résulte en lui sagesse infinie, idées sans nombre et pouvoir d'exécution. Les rayons qui jaillissent étant l'émanation conjointe de la chaleur et de la lumière doivent former cet esprit vivifiant qui anime tous les êtres. Ces trois choses, *chaleur*, *lumière* et *rayon* qui, quoique *distinctes*, sont *co-existantes* et co-éternelles, ne doivent former qu'un *seul* soleil spirituel, qui n'est pas proprement la *divinité*, mais son premier procédant, la forme sous laquelle il brille dans les cieux.

Notre soleil ne doit être qu'une image de cet astre divin, il a le pouvoir cependant d'animer la nature, parce qu'il reçoit cette virtualité du soleil divin dont les rayons se mêlent aux siens, qui en sont comme l'enveloppe matérielle quoique *ignée*, et par là, fécondent et vivifient tout dans l'ordre physique et inférieur de la création qui, quoique *matériel*, est lié à l'ordre *supérieur* comme nos corps ici bas le sont à notre ame ; car ce que nous appelons le *physique* est *mu* par ce que nous appelons le *moral*, qu'il enveloppe et recouvre. L'un et l'autre sont toujours étroitement amalgamés et procèdent plus ou moins directement de la chaleur et de la lumière spirituelles dérivant elles-mêmes de la divinité première et unique source de toutes choses.

Cette *chaleur* et cette *lumière* (laquelle dans les écritures est désignée par le *verbe*, la *parole*, la *sagesse*) se trouvent dans le soleil divin en proportion parfaite et tellement *identiques*, qu'elles ne sont qu'*un*. *Au commencement était le verbe, le verbe était avec Dieu, et le verbe était Dieu.* Evan. Jean, chap. I : VI. Mais les corps créés se trouvent recevoir les uns plus de chaleur que de clarté, les autres plus de clarté que de chaleur, et toutes deux ainsi divisées tendent sans cesse à se réunir. De là vient cet *aiman* qui attire sans cesse les deux sexes, et tout le système des affinités et des atractions diverses, grand ressort

de la nature et cause première et unique de toutes ses opéra-
tions ; l'homme est plus disposé à recevoir l'*intelligence*, ou le
*vrai* ; la femme à recevoir l'*amour*, ou le *bon*, et ces deux
émanations ont entre elles une sympathie divine. Voilà pourquoi lorsque, ici bas, deux amans époux confondent leurs
cœurs et s'unissent étroitement, il en résulte bonheur, et il
en jaillit la vie. Lorsqu'après la mort les ames vertueuses
devenues célestes, opéreront en elles, plus ou moins, l'union
de l'*amour* et de la *sagesse*, ou du *bon* et du *vrai*, leur
bonheur alors doit devenir extrême, parce que ces êtres se
trouvant par là plus en harmonie avec l'être divin, où cette
union du *bon* et du *vrai* est entière et fait sa félicité suprême, ils seront bien plus vivifiés par ses rayons, et re-
cevront des développemens d'intelligence et des ravissemens
de bonheur, que notre faible imagination ne saurait jamais
concevoir ! . . .

Il résulte de tout ce qui précède : que dans mon opinion,
il est un soleil spirituel premier procédant de la divinité,
et que c'est la *lumière* de ce soleil co - existante avec sa
*chaleur*, et qui s'épanche par ses *rayons*, qui est le principe et la conservation de tout, et fera notre bonheur et
notre immortalité.

Cette doctrine est conforme à l'esprit des écritures.

Le *verbe* ( qui est cette lumière divine ) *était au commencement avec Dieu.*

*Toutes les choses ont été faites par lui, et rien de
ce qui a été fait n'a eté fait sans lui. Dans lui était
vie, et la vie était la lumière des hommes.* Ev. Jean,
ch. IV : 2, 3.

*L'esprit de Dieu m'a fait, et le souffle du tout-puis-
sant m'a vivifié.* Job, 33 : 4.

*En vous est la source de la vie , et dans votre lumière nous voyons la lumière.* Ps. 35 : 10.

*La sagesse* ( qui se rapporte encore à cette lumière) *est la vapeur de la vertu de Dieu et l'effusion toute pure de la clarté du tout-puissant.*

*Elle est l'éclat de la lumière éternelle ; n'étant qu'une , elle peut tout , et toujours immuable elle renouvelle toutes choses.*

*Elle est plus belle que le soleil, et plus élevée que toutes les étoiles. Si on la compare avec la lumière elle l'emportera.*

*Elle atteint avec force depuis une extrémité jusqu'à l'autre.*

*C'est elle qui enseigne la science de Dieu et qui est la directrice de ses ouvrages.*

*C'est elle aussi qui me donnera l'immortalité.* Sap. 7 : 25 , 26 , 27 , 29 ; ch. 8 : 1